# UM POEMA PARA HELENA

IRIDESCENTE

## HELENA FERREIRA

2020

# SUMÁRIO

PREFÁCIO, 5

### HERMÉTICA

POEIRA ESTELAR, 9
ALMA DE ANJO, 11
À FLOR DA PELE, 13
UMA ESCOLHA, 14
POR TRÁS DOS MEUS OLHOS, 15
LITTLE GIRL BLUE, 17
DOM DIVINO, 19

### NO JARDIM DO ÉDEN

PULSO, 23
DESEJO, 24
NOSSO UNIVERSO, 25
AFOGA-TE, 26
SEM TÍTULO, 27
UM ATEU NO PARAÍSO, 29
ENTREGA, 31
DEZEMBRO VERÃO, 32
UMA GUERRA SILENCIOSA
DENTRO DO PEITO, 35
ADÃO E EVA, 37
NO ABRAÇO DA MEIA-NOITE, 39
QUINTESSÊNCIA, 40

### DESPEDIDAS

NÓS, 43
O TÉRMINO, 44
INSEGURANÇA, 45
CRISÂNTEMO, 46
LUZ NO FIM DO TÚNEL, 48

DESPERTAR, 49

### SOLITUDE

BOAS-VINDAS, 53
ESPELHO POÉTICO, 54
RESILIÊNCIA, 55
MERGULHO INTERIOR, 57
OLHE PARA AS ESTRELAS, 58
LUZ NA NOITE ESCURA, 60
ORAÇÃO, 63
NAVEGUE-SE, 65
AGRIDOCE, 66
FORÇA SEMPRE, 67
O MEDO DO MEDO, 69
TESOURO INVISÍVEL, 70
ESTOU NA ESTRADA, 71
DESTINO, 73
SOLITUDE, 75

### EU AINDA BRILHO

HARPIA, 79
FÊNIX, 80
CORAÇÃO ESPIRITUAL, 82
ESPERANÇA, 84
UMA DESCRIÇÃO, 86
O AMOR VENCEU, 88
ANTIGAMENTE, 90
DENTRO DO CORAÇÃO E FORA
DO MUNDO, 91
EU AINDA BRILHO, 93

*E, finalmente descobri, no meio de um inverno, que havia dentro de mim um verão invencível.*

Albert Camus

## PREFÁCIO

Aprender a enxergar no escuro é o segredo para conseguir atravessar a escuridão da alma. Ser dominado pelo medo e fechar os olhos na escuridão é estar condenado, estagnado no mesmo lugar sem conseguir subir a escadaria que nos levará até a luz.

O vale frio e escuro é uma das tantas travessias que a alma precisa experimentar.

A alma não morre! Nunca!

Ela tem dois caminhos: evoluir e expandir ou dormir e ficar presa na inércia.

Vai, buscador! Alcança o teu prêmio!

Leva contigo a chama que guia o teu coração, faz dos olhos espirituais um grande farol nesta praia, mergulha no oceano e segue a tua intuição.

Sem a dualidade, sem o dia e a noite, o sol e a lua, o calor e a chuva, sem o bem e o mal não existiria alma, serias apenas tempo, ego, ilusão. Acordar desta ilusão é despertar para quem tu és de verdade.

E tu, anjo aventureiro, nada mais és do que pura e inimaginável alma.

Aceite a tua imortalidade.

# HERMÉTICA

## POEIRA ESTELAR

Não me peça para explicar
É complexo demais
É uma sensação forte
Que vem da alma

Eu sinto como se eu fosse
Poeira Estelar
Que viajou bilhões de anos-luz
Até chegar aqui

Eu sinto que tenho uma missão
Algo grandioso
Algo que vai libertar
Acordar

Dar voz
Aos desprezados
Humilhados
Abandonados

Eu sou Poeira Estelar
Quando eu olho nos olhos dele

Eu vejo um lugar confortável
Sinto que já estive ali

Quando eu ouço canções dos anos 80
Eu sinto saudades de casa
Eu sinto que preciso cuidar
Das pessoas que apareceram em meu caminho

Preciso abraçá-las
Preciso amá-las
Protegê-las
Deixar algo grandioso em seus corações

Quando eu olho para o céu
Me sinto em casa
Sinto paz e conforto
Amor e serenidade

Eu sinto que todas as estrelas
Sorriem para mim
Me consolam
Enxugam minhas lágrimas e me recompõem

Basta olhar para o céu.

## ALMA DE ANJO

A minha alma é bonita
Ela é azul
Aquele azul claro de manhã de sábado
Tem canções antigas
Dessas que a gente decora
Só para sentir paz e nostalgia
Minha alma tem uma bondade grandiosa
Capaz de perdoar de 7 a 70 vezes
Um amor imenso
Um amor que chega a transbordar
Tem alguns sorrisos escondidos
Abraços contidos e beijos guardados
Tem sonhos imensos e desejos para serem
[consumados
Minha alma tem fé
Uma fé tão reluzente que a mantém viva
Tem uma alegria que ainda não me foi
[revelada
Se você pudesse ver minha alma
Iria realmente me conhecer
Ver e compreender.

Se você pudesse ver minha alma
Iria realmente me conhecer

HELENA FERREIRA

## À FLOR DA PELE

Na fissura
Na loucura
Na cama
Nua
Procurando no céu
A lua
Mergulhada na lembrança
Dos tempos de criança
Quando a inocência era rainha
E soberana
Naquela cama
Não tinha espaço para dor
Mas hoje a realidade se come crua
E o castigo vem
Mesmo sem crime
A viagem lidera a mente
Que já não pensa
E obedece ao corpo
Que só sabe sentir.

## UMA ESCOLHA

Eu sou amor
Tudo que fiz foi com amor
E não me arrependo
De todas as coisas que eu poderia ter escolhido
Eu escolhi amar
Mesmo que isso queimasse minha alma
Mesmo que congelasse meu coração
Eu ainda sinto
Eu ainda choro
Eu ainda tenho medo
Mas ninguém precisa ver
Ninguém precisa saber
Eu me isolei, me guardei
Me fechei
E foi melhor assim
Mas eu ainda sou amor
Eu ainda amo.

# POR TRÁS DOS MEUS OLHOS

Meu olhar
Distraído
Enxerga muito além
De quem vive observando
Descaradamente
As coisas gigantescas da vida
Fixo o olhar numa estrela
E seu brilho ilumina minha alma
Crio um universo dentro do horizonte
Mergulho numa brisa pura
Que só quem vive devagar
Consegue sentir
Já tive pressa
Já tive ódio
Mas consegui me recompor
Voltei às origens da terra
Resgatei o amor
Fiz as pazes com o perdão
E me apaixonei por cada amanhecer
Levo assim a vida
Calada
Devagar

Buscando paz
Trago no olhar visões
Lembranças
Sonhos
Esperança
Muita esperança
De que todos também possam
Algum dia
Retornar ao início
Voltar às origens do amor.

## LITTLE GIRL BLUE

A maioria delas falava sobre romances e
[paixões
Eu estava preocupada em
Terminar aquele poema
Estava ansiosa porque eu acabava de fumar
O último cigarro

Elas pareciam loucas sempre à procura de algo
Ou de alguém que as fizesse se sentir vivas
Eu estava tentando me ressuscitar
Tentando me reerguer do último tombo
Do último romance

Eu estava à procura de um pôr-do-sol
Que aliviasse o peso de minha alma
Elas falavam o tempo todo de contos de fadas
Finais felizes
Sonhos realizados

Eu pensava na estrada que eu seguia
Estava presa dentro de uma canção de rock
E eu gostava disso

Elas falavam de vestidos brancos
Pétalas de rosas e sorrisos constantes

Eu falava sobre
Estrelas
Noites frias
Galáxias imaginárias
Nostalgia
Eu era mesmo uma
Lunática
Ou qualquer outra coisa
Que não se parecia com elas
Nem com ninguém.

## DOM DIVINO

Eu não queria mais sentir tristeza
Então a transformei em poesia
Agora a lágrima ficou bonita.

# NO JARDIM DO ÉDEN

## PULSO

Pulsa teu pulso no meu
Deixe que o impulso controle o desejo
De pulsar incansavelmente
Sobre cada parte que pulsa em mim
Faço pulsar teu coração
Até o meu parar.

## DESEJO

Eu te quero com força
Quero te ter onde o absurdo é lindo
Onde a traição não se encaixa
Onde o amor é forte
E o tempo nunca acaba
Quero poder gritar
Chorar
Sorrir
Amar
Sem pudor ou medo
Ser aceita com carinho
Apesar deste meu desespero
Quero poder usar o exagero
E não pensar duas vezes antes de falar
O quanto eu te quero com força
É uma força que eu não sei explicar.

## NOSSO UNIVERSO

Eu quero fugir deste mundo
Quero te amar no nosso infinito particular.

## AFOGA-TE

Mergulha em mim
Eu prometo: tu vais afogar-te em amor.

## SEM TÍTULO

Não sei falar sobre você
Não há definição
Não existem comentários a nosso respeito

Quando eu digo que é diferente
Não é sobre estar apaixonada de novo
E mais uma vez fantasiar uma relação única e
[estável

É diferente porque a fantasia não existe
Quando estou aqui em seus braços
É real o bastante para eu não sentir medo

Reciprocidade
Pela primeira vez é recíproco sem eu precisar
[me esforçar
Sem eu precisar interpretar vários papéis até
[finalmente ser amada

Intensidade
Seus olhos me sugam para dentro de você
Eu sinto quando você invade o meu coração

A gente sabe
A gente sente
A gente se sente de verdade

Não há mais necessidade de provar nada
Não há mais anseio por promessas
Por surpresas ou realizações

Aqui e agora
Você e eu
Um sonho lúcido

É verdadeiro
É único
Não cabe em palavras

Eu me encaixo perfeitamente em seu abraço.

## UM ATEU NO PARAÍSO

Eu fiz uma prece
Uma espécie de oração
Pro teu coração acordar
Pro teu pensamento ficar esperto
Pra tu parar de mandar pra longe
Quem no fundo quer por perto
Eu fiz uma prece
Pro céu e as estrelas
Pra te pegarem pela mão
Te tirarem do chão
Te fazerem flutuar por entre os lugares que eu
                                        [sonhei
Eu que já nem tinha fé
Não acreditava em nada além de mim
Me deparei com a tua luz
Com a tua existência inexplicável
Ciência nenhuma explica o teu sorriso
Nada é capaz de decifrar o que fazes comigo
Eu fiz uma oração
Pro teu coração lembrar de nós
Pro teu amor não esquecer do meu

Logo eu, ateu
Voltei a rezar.

## ENTREGA

Gosto do teu gosto
Do teu corpo
De como ele se encaixa no meu

Me prova
Me devora
Desassossega o meu peito

Me beija com tua alma
Me prende entre os teus dedos

Somos bem mais que desejo

Sem medo eu pertenço
Sem medo eu me entrego de verdade.

## DEZEMBRO VERÃO

Desconheço sua calma
A serenidade dos nossos dias
A paz estranhamente silenciosa
Eu me acostumei à tempestade

Aprendi a caminhar na chuva
Esta terra firme me assusta
Me apavora

Eu mesma sou a armadilha
Minha mente sabota o presente
Tentando trazer o passado de volta
Tentando me fazer sentir medo
Tentando me fazer desistir de algo real

Porque meus olhos se acostumaram ao escuro
E a sua luz me assustou quando apareceu do
[nada
Desconheço a paz dos últimos dias
Mas eu quero mergulhar
Eu quero desvendar os mistérios desta luz que
[me cerca

Que chegou até aqui por mim
Que me acolhe sem pedir nada em troca

Eu quero vivenciar a paz e a calma
Dar nome a elas
E que este nome seja o seu e o meu

Juntos.

O amor é a quintessência
O segredo
A chave
O caminho e a verdade
A resposta para todas as perguntas

HELENA FERREIRA

## UMA GUERRA SILENCIOSA DENTRO DO PEITO

Acordar do sono profundo
Morrer pra renascer
Nascer de novo pra poder amar sem medo
Pra poder ser puro a ponto de tocar o amor

Os olhos cegos pela vaidade não o podem ver
As mãos sujas de ganância não o podem tocar
O coração orgulhoso não o pode contemplar

É como lutar num campo de batalha contra as
                [inúmeras versões de si mesmo

As versões inúteis ficam para trás
As máscaras caem
Os olhos voltam a enxergam
Os pulmões se enchem de ar
E finalmente
Os lábios se encontram

Longe de tudo e de todos
Longe da nossa pior versão

É isso que o amor ensina
É isso que os amantes fazem

Nascemos na chuva
Brilhamos ao sol.

## ADÃO E EVA

Morremos juntos no fim

Como num filme
Como numa canção de blues

Morremos juntos no fim

Nascemos no início do mundo
No princípio de todas as coisas
Vivemos a paz e a inocência
Mergulhamos na plenitude do presente

Fomos tentados ao desconhecido
Provamos o fruto proibido
Caímos
Juntos
Do alto do paraíso

Enfrentamos o inferno
Caminhamos no escuro

Nossa esperança não morreu
Nossa fé prevaleceu
O amor venceu

Nossa luz
Nosso céu iluminado
Nosso infinito alcançado

Homem das estrelas

A gente nasce
Ama
Morre
E volta pra amar de novo

Morremos juntos no fim
Nascemos juntos no início
O amor venceu
O amor vencerá
Para todo o sempre.

## NO ABRAÇO DA MEIA-NOITE

Cruzamos os portões
Em direção à Terra do Sol
Protegidos pela chuva
Ao som da tempestade

Fomos salvos
De nós e do mundo

Fomos salvos
De tudo o que nos afastou da alma
De tudo o que tentou nos roubar o amor

Avistei um arco-íris no céu escuro
Nos indicando o caminho para casa

Na entrada da Terra do Sol
Os anjos festejaram a nossa chegada
Nos banharam com luz
Cantando e dançando no céu

Como se fosse o início e o fim de todas as
[coisas.

# QUINTESSÊNCIA

O amor é a quintessência
O segredo
A chave
O caminho e a verdade
A resposta para todas as perguntas

Ele é a libertação das coisas carnais
O despertar para as coisas reais
A conexão entre alma e espírito

Amar é transcender.

# DESPEDIDAS

# NÓS

Éramos nós
Tive que aprender a desatar um por um
Éramos dois
Cada um vivendo na individualidade do ser
Fomos tudo
Fomos qualquer um
Ou qualquer coisa
Quando na verdade
Deveríamos ter sido
Nós dois.

## O TÉRMINO

Queria poder terminar contigo
Terminar aquele beijo
Terminar de sentir teus dedos em minha pele
Teu calor
Tua pele
Invadindo cada parte inviolável do meu ser
Queria te sentir
Cuidar de ti
Proteger-te
Fazer com que te sentisses amado
Queria terminar nosso desejo
De pertencer um ao outro
Nem que fosse apenas por uma noite
Queria ser tua e poder terminar contigo.

## INSEGURANÇA

Fugimos de quem oferece intensidade
Queremos escapar do perigo que é se envolver
                    [e consequentemente se perder
Negamos a nossa própria intensidade
Por medo da intensidade do outro.

## CRISÂNTEMO

No meu caminho
Não tinha uma pedra
Tinha um coração
Quebrado
Machucado
Esquecido
Eu ofereci afago
Cuidado e carinho
Eu soube entender aquilo que ninguém
                                    [entende
Eu senti a parte que só a alma sente

No meu caminho
Não tinha uma pedra
Tinha uma mente
Que vivia no escuro
Sentia tinha medo de tudo
Escondia-se de si mesma

Eu ofereci luz
Portas abertas e o canto dos pássaros
Eu enxerguei aquilo que ninguém enxerga

No meu caminho
Não tinha uma pedra

No meu caminho havia
Pessoas machucadas
Com a alma pesada
A mente confusa
Com o coração quase parando

Eu chorei quando senti a dor do outro
Ninguém foi pedra
Todos foram a oportunidade de reconhecer em
[mim
A verdadeira face do amor
Que nada pede em troca
Que divide o ar com quem já perdeu o fôlego

Não me arrependo
Não mudaria nada
Afinal de contas
Quem vai abraçar os loucos e perdidos?
Quem vai sentir compaixão?
Quem vai tentar amenizar a dor do mundo?

## LUZ NO FIM DO TÚNEL

Acho que levei muito a sério essa coisa de luz
[no fim do túnel
Quem muito procura essa tal luz não sai do
[escuro
A gente tem que ter luz própria
Porque ninguém nesse mundo ilumina a vida
[de outra pessoa
Ninguém vai trazer luz para a sua vida.
Você é a luz que vai te livrar do escuro.

# DESPERTAR

Todas as escolhas são certas, mas não podemos tomar atitudes pelos outros.

Não temos o controle de todas as situações. Só temos controle sobre nossas ações.

Se estamos dando amor e recebendo dor, é porque o outro não está pronto para se doar.

Nós vivemos na base do medo. Você está com medo, eu estou com medo. Sentimos medo de nós mesmos. E às vezes é bom ficar sozinho para perceber que é possível enxergar no escuro. Às vezes precisamos vencer nossos medos sozinhos.

Se permita cuidar de si. Você precisa de cuidados agora, você está emocionalmente exausta, esgotada. Você chegou num nível de pressão psicológica que te estagnou, não sabe se volta, se vai e, nessa brincadeira, acaba ficando parada no mesmo lugar, olhando para todas as direções, quando, na verdade, deveria olhar para dentro.

Olhe para dentro e pergunte para você mesma do que você precisa agora. Você irá perceber que precisa descansar, descansar de você, do seu ego, da sua raiva, da sua mágoa, precisa descansar desse turbilhão de sentimentos e viver o momento. Estar presente sem pensar no que foi ou no que poderia ter sido. O momento presente sou eu digitando estas palavras para que você leia e isto te faça despertar, te faça sair do Maya, da ilusão que nos faz sofrer.

A dor é real porque é sentida, podemos transformá-la naquilo que quisermos.

Eu te envio amor, eu estou pronta para receber, estou pronta para doar, estou pronta para ser um gesto de ternura e bondade. Receba isso em seu coração.

# SOLITUDE

## BOAS-VINDAS

Que a vida me receba com tulipas vermelhas
                    [em cada esquina que eu dobrar
Que a alegria seja minha aliada
E que eu possa encarar a vida com sabedoria e
                                    [pureza.

## ESPELHO POÉTICO

Quero que a poesia me invada
Me transforme
Me encha de luz
A realidade que me cerca me sufoca
Me faz perder o encanto de viver
Oh, poesia!
Dona de toda a beleza do ser
Beleza do viver e do saber
Me deixe ser como você.

# RESILIÊNCIA

Lutar e ser independente
Mas ter amparo quando precisa
Precisar de um tempo sozinho
Mas saber apreciar uma boa companhia

Conseguir seguir em frente
E se permitir sentir saudade
Lutar pela igualdade
Sem confundir isso com superioridade

Cultivar o amor-próprio
Nunca se deixar cegar pela vaidade
Viver a liberdade
Sem perder-se em libertinagem

Perdoar aquele que despertou ira
Pedir perdão ao despertar a ira do outro
Dar as mãos
Render-se ao abraço

Ser grato
Viver intensamente

Estar no momento presente
Aproveitar as chances
Recomeçar

Amar
Ser amada.

## MERGULHO INTERIOR

Você tem mergulhado em rios e lagos
Quando tem dentro de si um verdadeiro
                              [oceano
Por que insiste em procurar nos outros aquilo
                              [que só existe em você?
Cada ser é um universo
É impossível ser o dono da verdade
Devemos quebrar os dogmas
Criar novas pontes
Novos caminhos
Cultivar dentro de nós um lar confortável
Preocupe-se com sua jornada
Suas escolhas
Alimente seus sonhos
Ame o futuro
Agradeça
Sinta
Viva
Não se diminua para caber em mundos que
                              [não foram criados por você.

## OLHE PARA AS ESTRELAS

Nos esquecemos de olhar para as estrelas
Na correria do dia a dia
Na rotina das tecnologias
Hipnotizados por telas e luzes artificiais

Retorne para as origens
Em que a conexão com a vida é o que
[realmente importa
Olhe para o céu, sinta as estrelas
Converse com o universo
Sempre tem alguém nos escutando
Não estamos sozinhos
Não estamos abandonados aqui

Nós simplesmente perdemos a conexão
Fomos manipulados e enfeitiçados
Esquecemos que vivemos num mundo de
[magia, que fazemos parte
Só precisamos despertar e voltar a viver em luz

Olhe para as estrelas hoje
Se reencontre com o seu verdadeiro eu.

Eu te envio amor, eu estou pronta para receber, estou pronta para doar, estou pronta para ser um gesto de ternura e bondade. Receba isso em seu coração

HELENA FERREIRA

## LUZ NA NOITE ESCURA

Levou tempo
Mas aprendi sobre a solidão
Aprendi sobre dias nublados
Entendi que eu sou o abrigo durante a
[tormenta
Entendi que minha mente é o meu lar

Por muito tempo estive presa num lar em
[ruínas
Dei voltas e mais voltas buscando algo que
[trouxesse sentido
Para esta existência que antes parecia ser tão
[vazia
Parecia ser tão fria
Sem valor

Talvez o verdadeiro despertar seja sobre eu
[mesma
Já não acredito na verdade absoluta dos
[homens
Já não espero que se cumpram as promessas
[dos deuses

Pode parecer solidão
Eu chamo de solitude
Pode parecer escuridão
Eu chamo de princípio
Eu chamo de início

Porque até mesmo antes de Ele dizer "haja luz"
Já existia este espaço negro suspenso no ar
E eu já acontecia ali
Em consciência

Esperando algo acontecer
Esperando a luz
Esperando que a carne me fizesse sentir

Hoje não espero que a carne me faça sentir
Não espero que algo aconteça para que eu me
                                    [sinta viva

Eu existo
Antes e depois de todas as coisas
Minha alma ilumina a noite escura
O fogo em meu peito me mantém consciente
                                    [de quem sou
Do que sou

Isto aqui é apenas um segundo
Minha consciência existe muito antes do
[tempo.

## ORAÇÃO

Que eu não esqueça minha natureza
Meus rios
Minhas raízes
Minhas flores

Que eu não esqueça meu coração
Minha paixão
Minha esperança
Meu amor

Que eu não esqueça minha alma
Meu sol
Minha lua
Meu fogo

Que eu não esqueça minha força
Meus guias
Minha esperança
Minha luz

Que eu não esqueça minha alegria
Meus entes queridos

Meus beijos e abraços
Meus laços eternos

Que eu não esqueça de agradecer
Hoje
Sempre
Amém.

## NAVEGUE-SE

Não sinta vergonha do seu corpo
Sinta o calor que vem de dentro
Toque sem medo
Se permita sentir
Quebre o tabu
Encare o espelho
Esse é o seu corpo
Aprenda a mergulhar em você
Descubra um oceano
Um infinito
Descubra o paraíso
Nunca abra mão do seu corpo
Por medo de não se encaixar no corpo de
[alguém.

## AGRIDOCE

Não se preocupe com a reputação
Preocupe-se com a consciência
Esta te acompanha a todo instante mesmo
                    [quando ninguém está olhando
A consciência deve ser leve
Mastigue a vida devagar
Saboreie cada momento
Existe sabor na dor e no desamor
Tudo é aprendizado
Amadurecimento
Quando menos se espera
Vêm a sabedoria e a alegria
O prazer em viver
Independente da companhia
Independente de onde estiver
Com o passar do tempo o amargo se mistura
                                [com o doce
Compreendemos que a vida é agridoce
Sem o equilíbrio a harmonia seria impossível
Isso é tão óbvio que eu não deveria dizer.

## FORÇA SEMPRE

Se manter firme
Aceitar sua natureza e vencer o medo
A luta é diária e a batalha não é visível aos
                                    [olhos do homem
Céu e inferno estão aqui e agora
É preciso coragem para caminhar no escuro e
                [conseguir (re)conhecer o paraíso.

Se manter firme
Aceitar sua natureza e vencer o
medo

HELENA FERREIRA

## O MEDO DO MEDO

Quando a tristeza gritar com você
Grite mais alto
A tristeza não suporta gente corajosa
Ela tem medo de gente que não tem medo de
[ser feliz.

## TESOURO INVISÍVEL

A morte é uma certeza
A existência é frágil
Por isso a vida é tão valiosa
Pena que a gente se esquece
Se distrai
Se perde
Se perde da gente
Do outro
De nós
Quando chega a hora
A gente acorda
E se dá conta
De que a existência realmente é frágil
E a vida é muito
Muito valiosa
Talvez
A vida seja sobre guardar um tesouro invisível
[aos olhos.

## ESTOU NA ESTRADA

A vista é tão bonita que eu acabo me distraindo
No início eu chorei
Senti medo e não entendi
Braços me envolveram
Me ensinaram sobre a coragem
Me ensinaram sobre fé e luz

Peguei atalhos errados
Tropecei
Mas
A estrada ensina
A mão que fere também pode curar
Ajudar o outro a se levantar é também uma
                    [forma de levantar a si mesmo

Sigo em frente
A viagem parece longa mas acontece num
                        [piscar de olhos
Aproveito ao máximo a paisagem
Guardo com zelo os sentimentos
Mergulho intensamente nos momentos

Mergulho no outro e aprendo
Mergulho em mim e me corrijo
Observo e amo
Sinto e agradeço

Eu escolhi este trem
Eu escolhi este lugar
A hora é agora
O dia certo é hoje
Eu estou aqui
E o agora é apenas um fragmento deste livro
Um capítulo do filme da minha vida

No fim
Eu quero tirar a mochila das costas e
Festejar com os deuses a maravilha que eu vivi
[aqui.

## DESTINO

Vivemos de rótulos
Não sabemos existir sem nome e sobrenome
Número e endereço
Estamos presos ao tempo
Presos à ilusão de horas contadas

Como se a vida precisasse de um calendário
Como se a existência se resumisse aos dias
                             [passados
Poucos são aqueles que existem
Poucos são aqueles de verdade
Raro é aquele que não tenta afirmar a própria
                                [existência

Basta-me estar aqui
No agora
Sendo a minha melhor versão
Minha preocupação é não ser escrava dos
                         [rótulos que me deram
Das amarras às quais tentaram me prender

Eu existo
E não preciso impor minha verdade
Nem tampouco desmascarar a mentira alheia
Deixo que levem tudo que é meu
Não peço nada em troca

Meu corpo é da terra
Minha alma é do ar
Meu sentir é sagrado
Eu sou a alegria que não se apaga
Que não se esquece
Que não tem nome
Nem endereço
Este riso é o que realmente importa
Viver nada mais é do que
Render-se à felicidade inevitável.

## SOLITUDE

Eu escolhi a solitude dos dias normais, a calma e a paz, o silêncio de estar em minha própria companhia.

Não é desmerecer a presença do outro, é saber que às vezes é melhor a ausência do que a solidão a dois.

Entendi que o silêncio talvez seja a resposta mais sincera diante de uma injustiça, que não preciso provar ou justificar minha verdade, que ser sábia é respeitar a verdade do outro e proteger a minha.

Fiz as pazes com todos os meus sentimentos, sosseguei minhas angústias, superei minha ansiedade. Me permito sentir saudade, mas não paro no meio do caminho. Sigo em frente, carrego comigo meus amores e minhas paixões, não tento desesperadamente me livrar de tudo. Já não sinto o peso do passado, entendi que ele é uma tatuagem, uma cicatriz, que não dá para trocar de pele feito uma serpente.

Escolhi a solitude dos dias normais porque a magia acontece no acaso, nos pequenos detalhes, no inesperado. Nada elaborado e grandioso aos olhos dos outros pode suprir os anseios de minha alma, tudo que é externo só preenche as lacunas do ego, que sempre tenta me roubar de mim.

A solitude é a compreensão das coisas simples, é ver beleza nos detalhes. Amar a si mesmo é a permissão para amar todas as coisas, é a permissão para que as coisas reais te encontrem e te amem de volta.

EU AINDA BRILHO

## HARPIA

Mergulharei em águas profundas
Camuflarei meu corpo em meio à terra
E quando no abismo eu me encontrar
Saltarei segura
De mãos dadas comigo mesma

Protegida e escondida em asas de sete cores
Levantarei voo
Dos quatro cantos da terra ouvirão a minha
[voz
Trazendo a boa nova
Cantando e dançando com os pássaros.

# FÊNIX

Não vou esconder minhas cicatrizes
Não vou negar a dor
Eu escolho a estrada árdua

Se não fosse a lágrima eu não seria eu
Se não fosse o peso eu não seria forte
Se não fosse o escuro eu não teria despertado a
                                            [intuição

As marcas em minhas mãos
São como palavras que eu nunca disse
São parte do livro que eu não escrevi

Nada faria sentido sem o pesar
Sem o grito
Sem a queda

Só descobrimos nossa força quando
                            [aprendemos a levantar
Só aprendemos a renascer depois de morrer
Eu já morri vezes demais

E veja só
Cá estou eu
De novo e sempre.

## CORAÇÃO ESPIRITUAL

Eu tenho esse coração de criança
Vivo no mundo da lua
Perto das estrelas
Onde só existe brilho e luz

Eu tenho esse coração bobo
Que sobrevive de amor
Que desde sempre é louco
E não se encaixa em nada

Eu tenho esse coração vagabundo
Quero salvar o mundo
Mas acabo me esquecendo de mim

Tenho esse coração deslocado
Que bate no lugar errado
Que não fica do lado esquerdo
Nem do direito
Ele fica no meio do peito

Fazendo guerra
Me pedindo pra ficar acordada

Me pedindo pra esquecer a dor
E transformar tudo em poesia

Pedindo pra eu resistir
Só mais um dia
Pra eu não ter medo
Seguir em frente
Eu tenho esse coração
Espiritual
Anormal
Fora da realidade

Eu tenho um coração torto
De longe parece errado
Mas olhando bem de perto
Percebo que eu sou um milagre.

## ESPERANÇA

Se por um acaso existir esperança
Que ela esteja na arte
Pois ela é a única forma de eu me salvar
É a única possibilidade de que eu me agarre a
                             [algo que me dê fôlego

Se houver um caminho verdadeiro
Uma verdade e uma luz que nos esperam
Que isso esteja no meu coração
Na parte oculta que ainda brilha
Me trazendo de volta à vida

E se, no fim, a guerra engolir este mundo
A palavra será minha espada
A luz em meu peito me guiará para casa
Longe da cova, longe da ilha
Longe do escuro e do sangue
Longe da dor e da mentira

Que eu tenha Esperança
Que eu ande na Verdade
Que eu seja Luz

Que eu tenha Força
Que eu não perca o sopro de Deus.

## UMA DESCRIÇÃO

Se por acaso me pedirem uma descrição
Eu direi que fui inúmeras vezes
De todas as formas possíveis
Nesta vida
Na próxima
Em todas as que já foram
Única e simplesmente
Alma

Pois não sei ser nada além de mim
Não sei ser nada além do que me pertence
E a única coisa eternamente minha
Sou eu mesma
Esta alma gigante
Incompreensível
Inquieta
Hermética

Se me pedirem um paradoxo
Direi que eu sou alma eterna
Sou dona de asas fortes

Presa num corpo que não pode voar
Presa num corpo que irá morrer.

## O AMOR VENCEU

Quando eu aprendi a olhar para dentro
Tudo ficou claro e uma luz se acendeu
Meu coração aprendeu a ser pleno
Eu passei a encontrar todas as respostas no
[íntimo de minha alma

Eu já fui tempestade e desespero
Já busquei calmaria naquilo que só roubava a
[minha paz

A maior tolice humana é buscar se nutrir e
Se satisfazer com as coisas que vêm de fora
Quando na verdade
O grande segredo mora dentro de nós

Eu sou o meu próprio guia
E as preces que faço são para o Deus que
[habita em mim

O caminho e as respostas estão em mim

O caminho mudou
A luz brilhou
A verdade apareceu

O amor venceu.

## ANTIGAMENTE

Antigamente eu era eterna
Agora sou instante

Antigamente eu era saudade
Agora sou sonho, lembrança distante

Antigamente eu era medo
Agora sou coragem que me arrasta pelos pés

Antigamente eu era deus, religião
Agora sou fé, espiritualidade em evolução

Antigamente eu era nós, multidão
Agora sou eu, solidão

Antigamente eu era inverno
Agora sou as quatro estações

Antigamente eu era terra, planeta em
                                [destruição
Agora sou universo, infinito sem explicação.

## DENTRO DO CORAÇÃO E FORA DO MUNDO

Do lado de fora
Onde o medo observa
O coração acelera
O jogo quase cegou o jogador

Do lado de fora
Onde a saudade não dói
Onde todo segredo segue ileso
Dentro do coração e fora do mundo

Do lado de fora de mim
Dentro do mundo
Equilibrando razão e emoção
Flertando com a loucura
Salvando o que resta

Do lado de fora do mundo
Dentro de mim
Enfrentado a noite escura

Seguindo em frente com coragem
Mergulhada em sonho e paixão
Banhada de sol e amor

Do lado de fora
O silêncio guarda o mistério da alma
Que mora aqui dentro.

# EU AINDA BRILHO

Não há loucura que me roube
Não há demônio que me cegue
Não há escuridão que me leve
Eu existo além daqui
Acima de mim
Tem algo brilhando mais forte que o sol
Tem algo me mostrando o caminho.

Não há escuridão que me leve
Eu existo além daqui
acima de mim tem algo
brilhando mais forte que o sol

HELENA FERREIRA

Copyright © Crivo Editorial, 11/2020.
Um Poema para Helena ©Helena Ferreira, 11/2020.

Edição: Lucas Maroca de Castro
Projeto Gráfico: Haley Caldas
Capa: Taíme Gouvêa
Diagramação: Jaison Jadson Franklin
Revisão: Amanda Bruno de Mello

Dados Internacionais de Catalogação na Publicação (CIP) de acordo com ISBD

| | |
|---|---|
| F383p | Ferreira, Helena |
| | Um poema para Helena / Helena Ferreira. - 2. ed. - Belo Horizonte, MG : Crivo Editorial, 2020. |
| | 96 p. ; 12cm x 18cm. |
| | Inclui índice. |
| | ISBN: 978-65-8903-202-1 |
| | 1. Literatura brasileira. 2. Poesia. I. Título. |

| | |
|---|---|
| 2020-2906 | CDD 869.1 |
| | CDU 821.134.3(81)-1 |

Elaborado por Vagner Rodolfo da Silva - CRB-8/9410

Índice para catálogo sistemático:
1. Literatura brasileira : Poesia 869.1
2. Literatura brasileira : Poesia 821.134.3(81)-1

Crivo Editorial

Rua Fernandes Tourinho, 602, sala 502
30.112-000 - Funcionários - Belo Horizonte - MG

www.crivoeditorial.com.br
contato@crivoeditorial.com.br
facebook.com/crivoeditorial
instagram.com/crivoeditorial
crivo-editorial.lojaintegrada.com.br

Este livro foi composto em Georgia e ADAM.CG PRO, sobre o Pólen Bold 90g/m², para o miolo; e o Cartão Supremo 250g/m², para a capa. Impresso em novembro de 2020 para a Crivo Editorial.